Mandala

para Colorear Niños

Este libro pertenece a

VOL 1

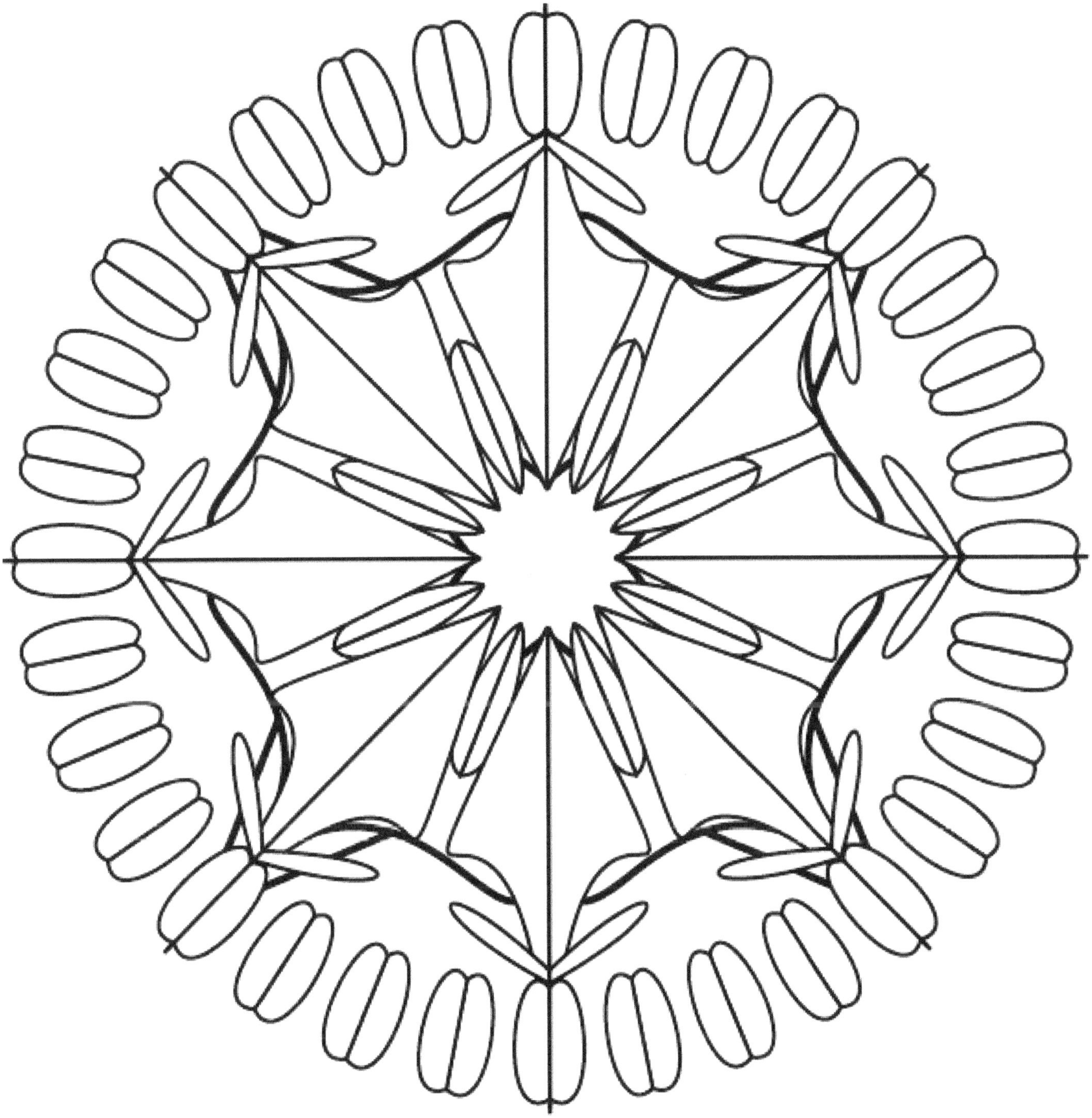

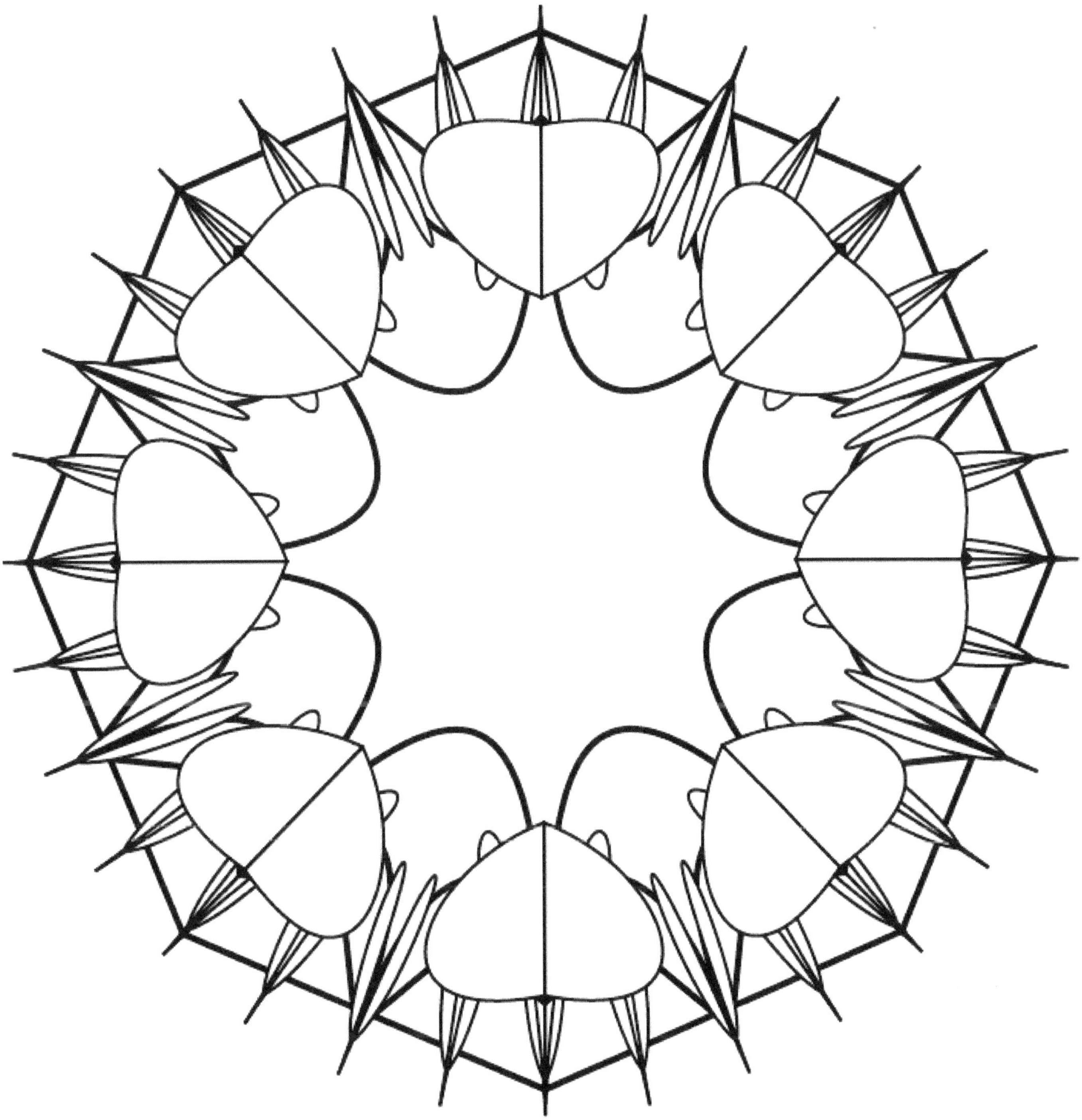

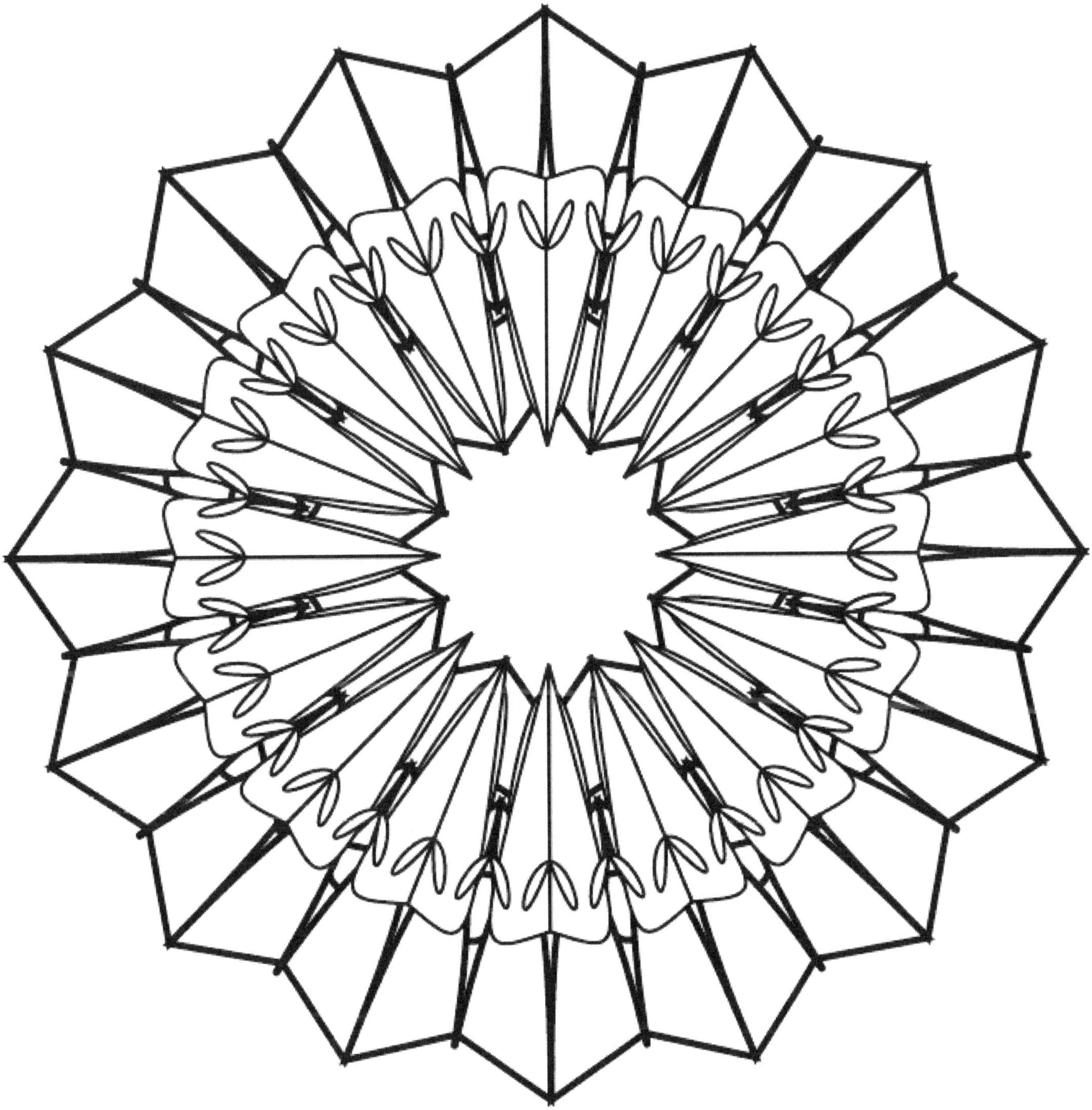

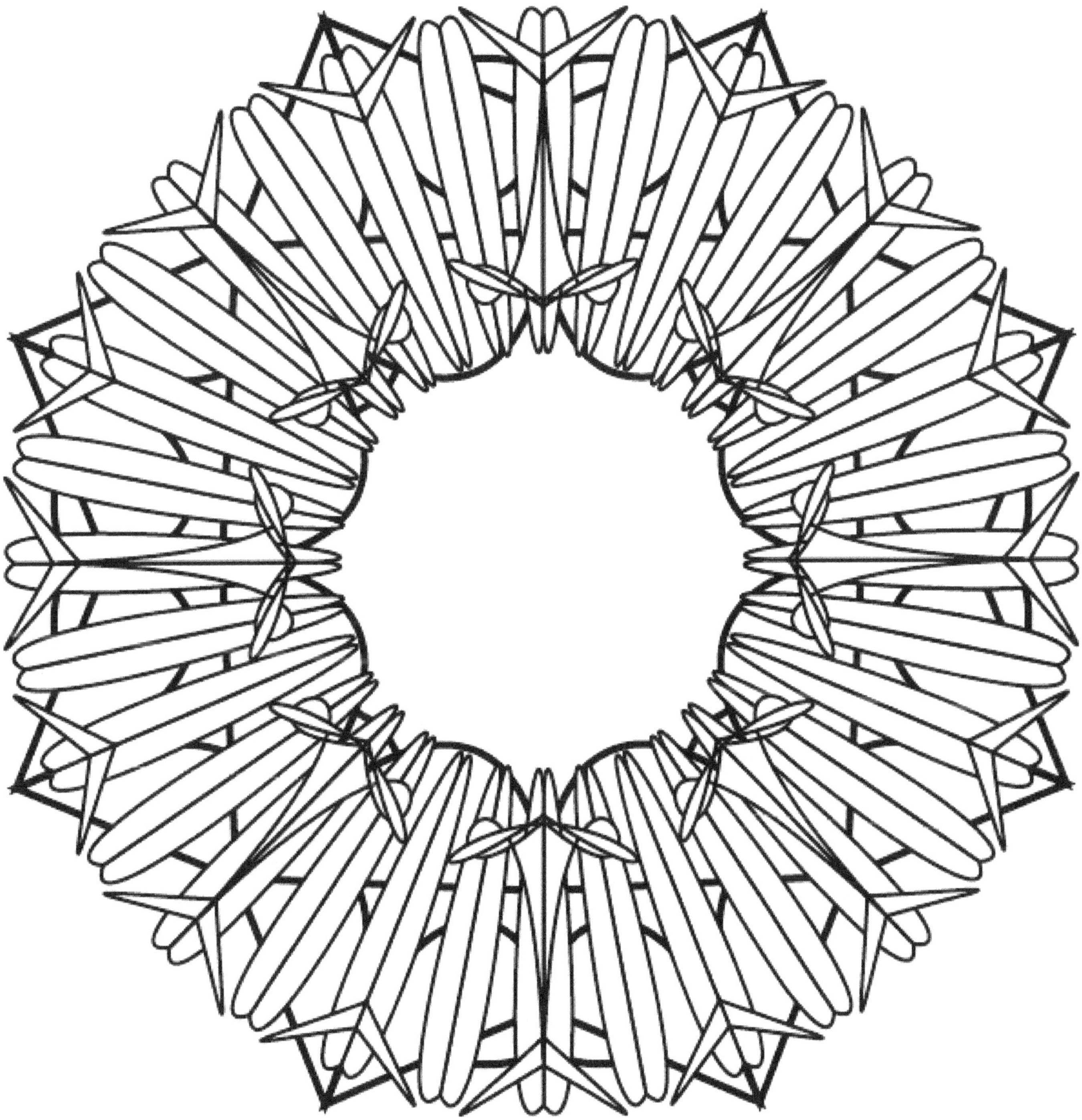

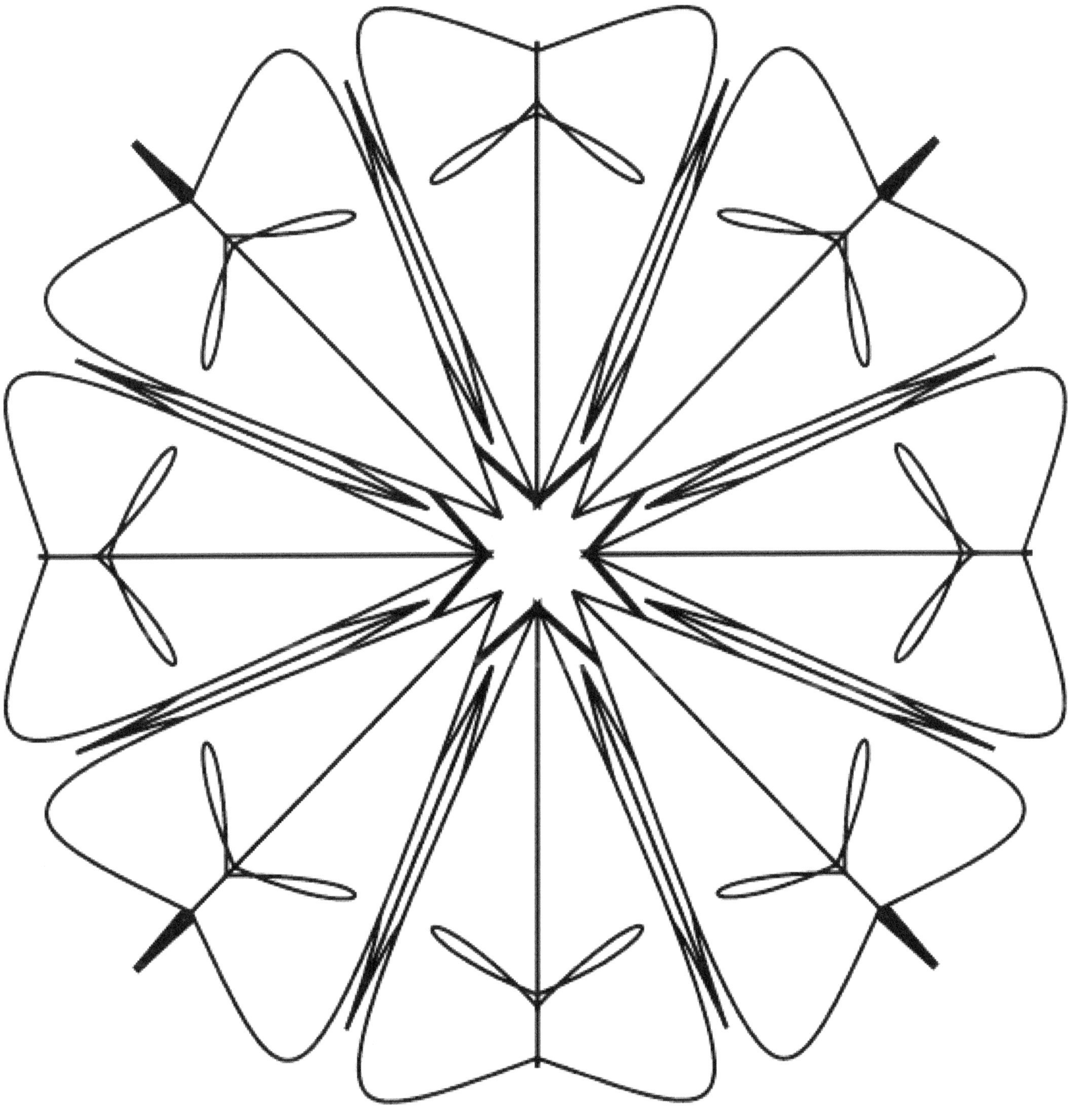

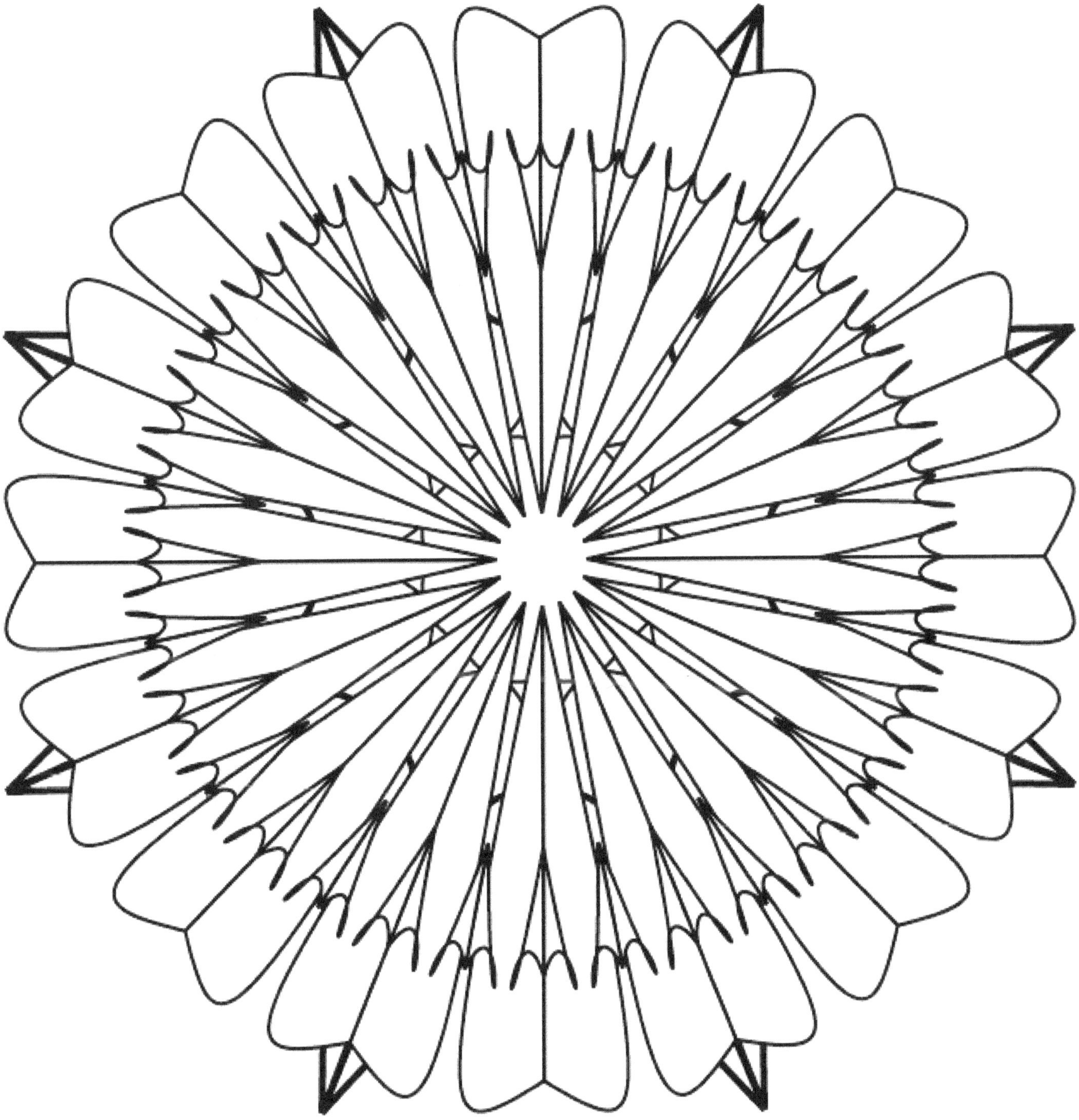

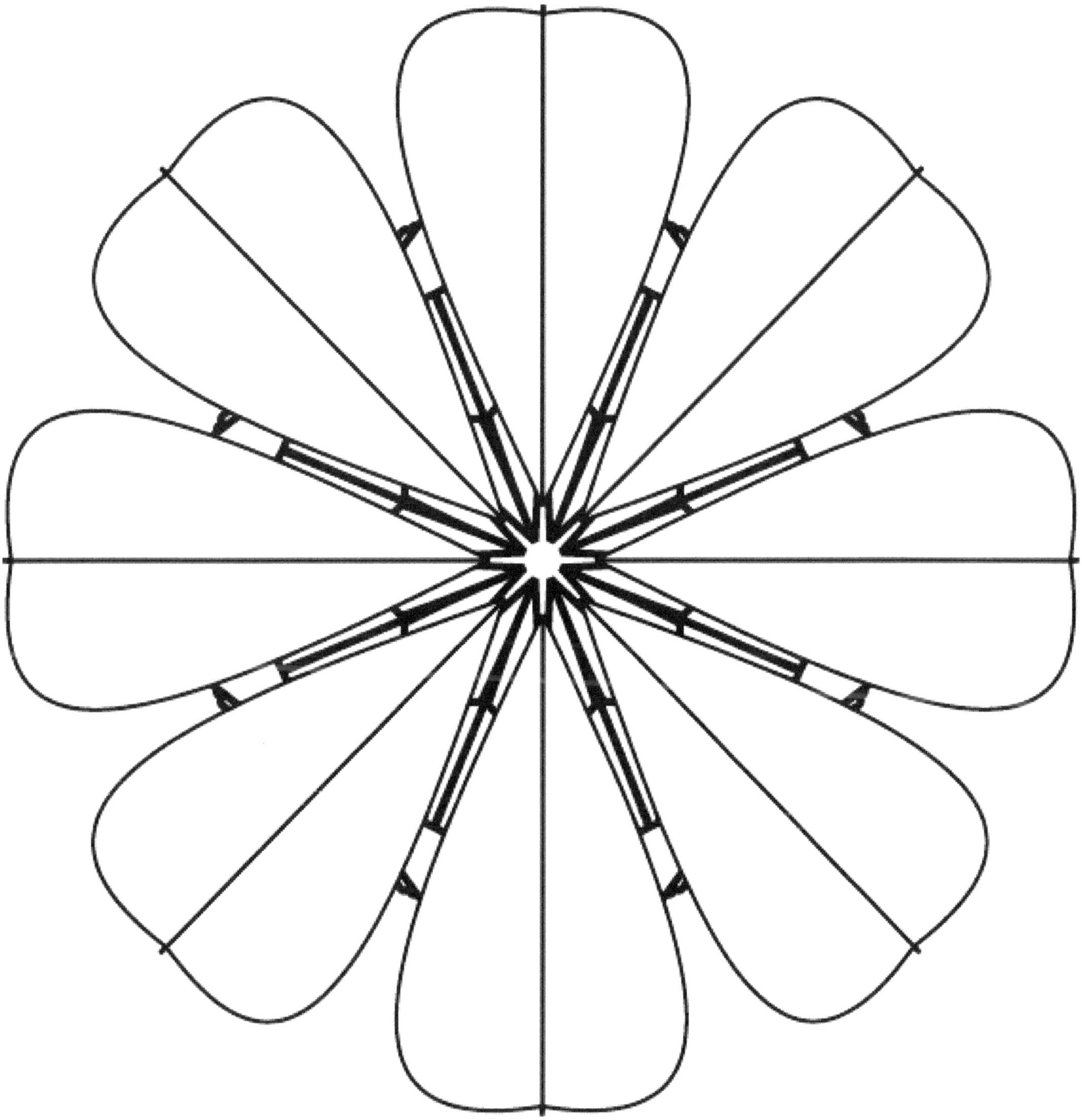

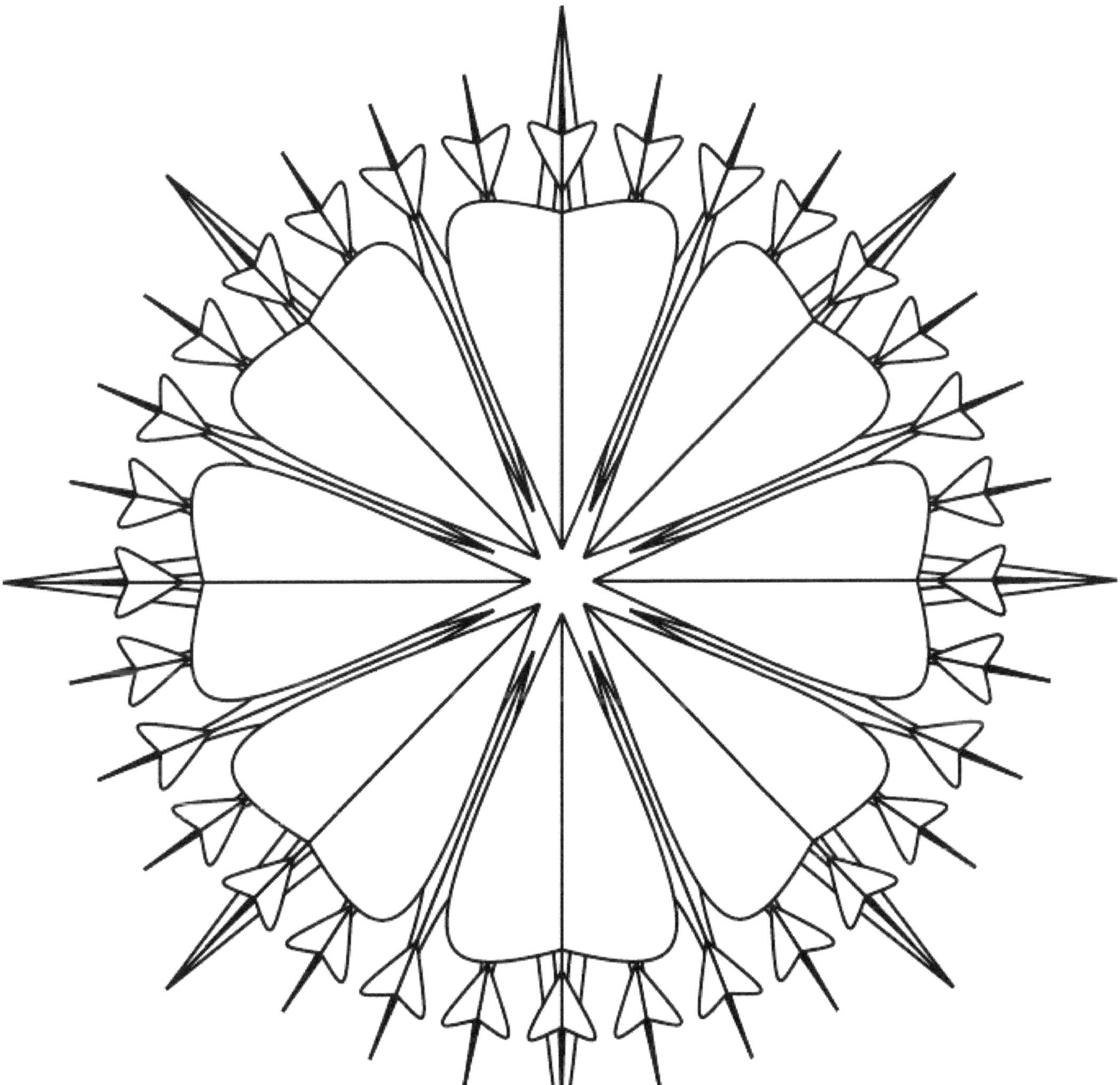

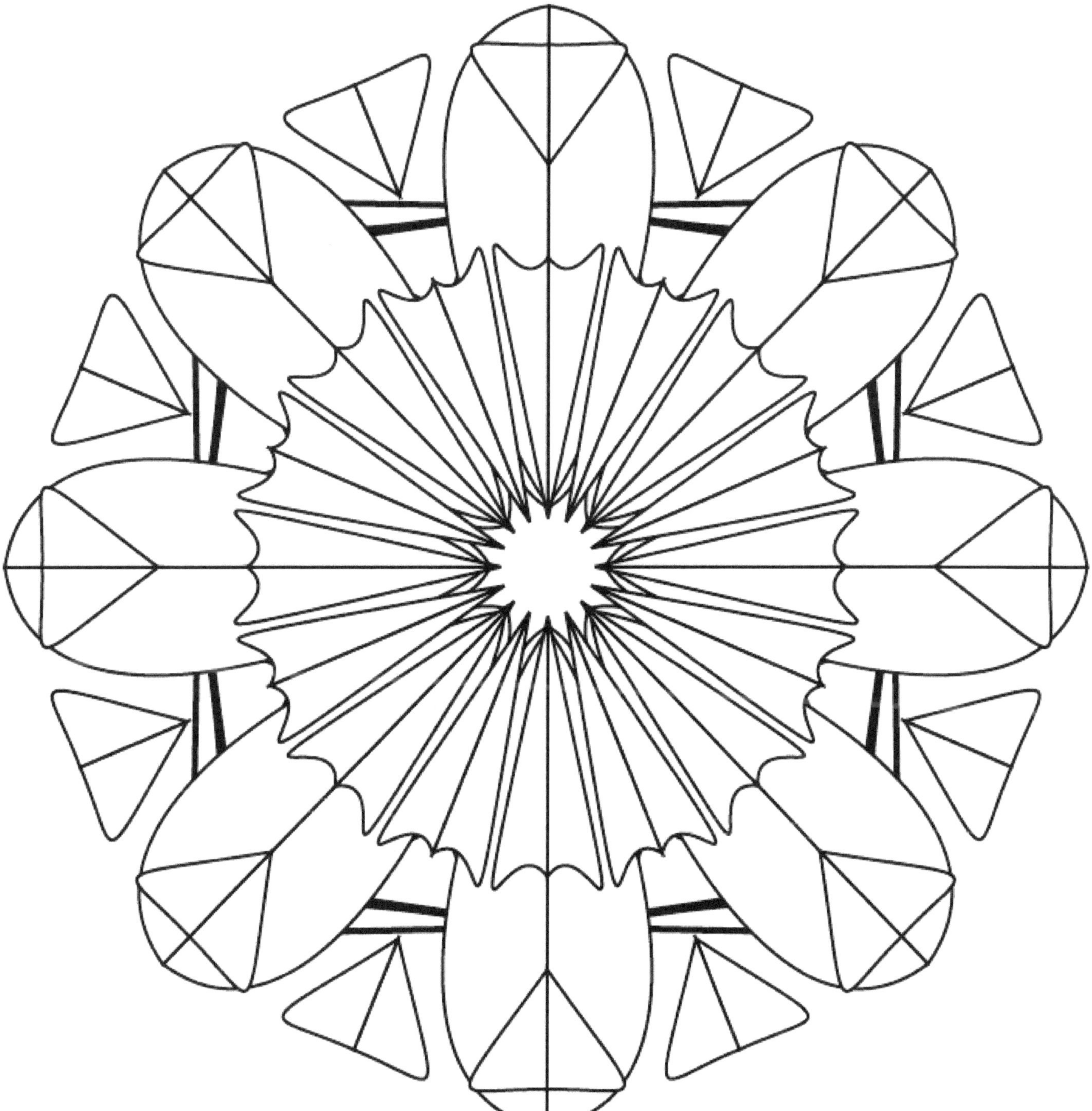

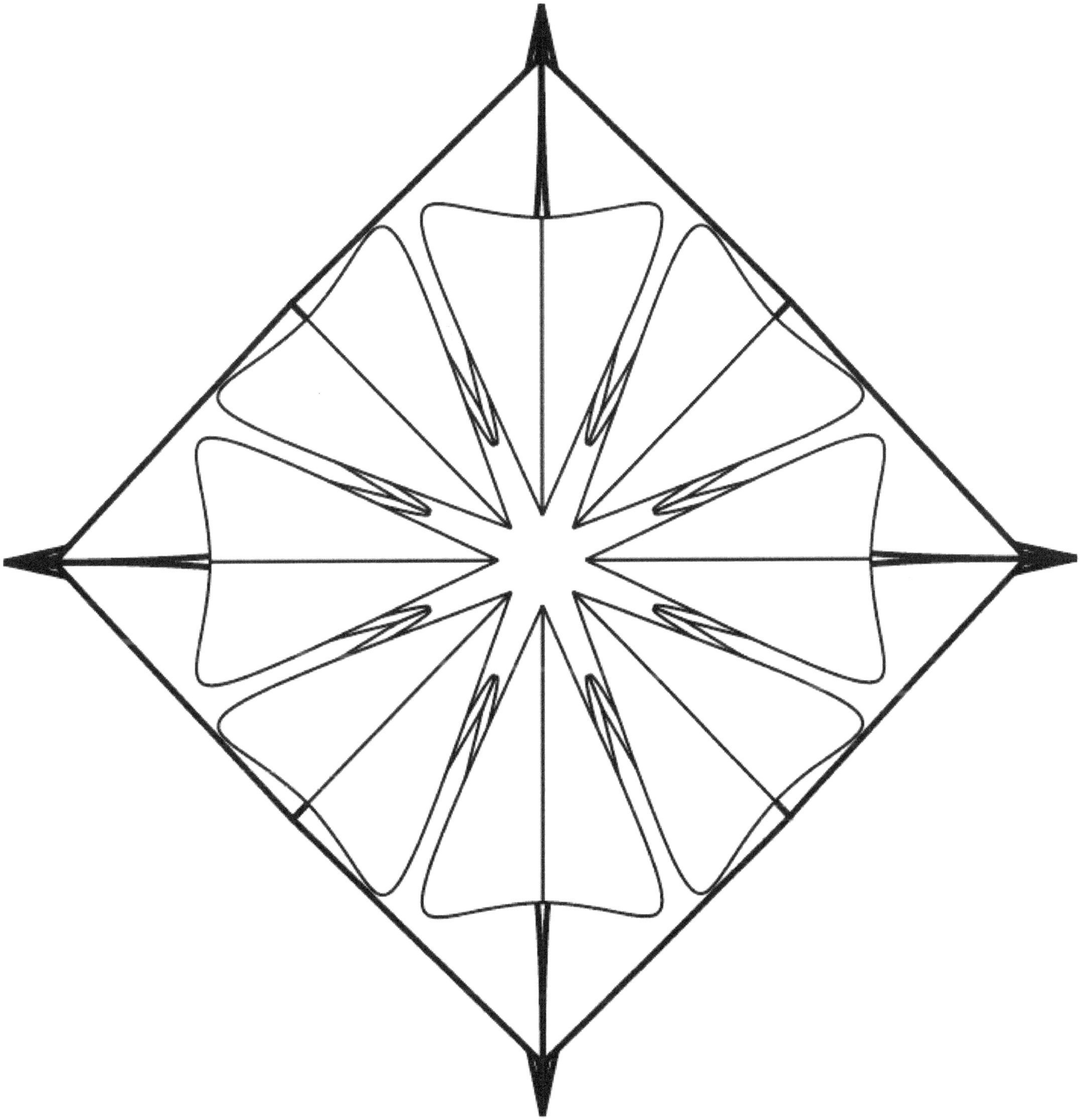

www.ingramcontent.com/pod-product-compliance
Lightning Source LLC
Chambersburg PA
CBHW081951160726
47999CB00008B/2590